CARTILHA DO GORDO

Dados Internacionais de Catalogação na Publicação (CIP)
(Câmara Brasileira do Livro, SP, Brasil)

Medeiros, Elisabete M. de
  Cartilha do gordo / Elisabete M. de Medeiros; colaboradoras Irene Arcuri, Silvia Corazza. — São Paulo: Ícone, 1994.

  Bibliografia.
  ISBN 85-274-0304-8

  1. Dietas para emagrecer 2. Dietoterapia 3. Nutrição — Dieta terapêutica 4. Obesidade I. Arcuri, Irene. II. Corazza, Silvia. III. Título.

94-2337   CDD-615.854

Índices para catálogo sistemático:

1. Dietoterapia   615.854

ELIZABETE M. DE MEDEIROS

Nutricionista especialista em Saúde Pública pela disciplina de Nutrição do Departamento de Medicina Preventiva da Escola Paulista de Medicina — Professora da Disciplina de Nutrição e Dietética do Curso Auxiliar de Enfermagem da Escola Paulista de Enfermagem — H. S. P. — Nutricionista do Hobby Sports Club e Dhammapada.

CARTILHA DO GORDO

Colaboradoras

Irene Arcuri
Psicóloga clínica — Terapeuta e professora de ioga do Dhammapada

Silvia Corazza
Professora de Educação Física, especialista em Fisiologia do Exercício pela Escola Paulista de Medicina — Professora de Esportes com Raquete da Universidade de Educação e Cultura do ABC — Professora de Cineantropometria da FMU — Professora pesquisadora em Ciências no Esporte como membro colaborador do Celafiscs e avaliadora física e professora de tênis da Swimming Sport Center.

© Copyright 1994, Ícone Editora Ltda.

Produção e Capa
Anízio de Oliveira

Ilustrações
Miolo e Capa
Marcos A. Garutti

Revisão
Adalberto de Oliveira Couto

Proibida a reprodução total ou parcial desta obra, de qualquer forma ou meio eletrônico, mecânico, inclusive através de processos xerográficos, sem permissão expressa do editor
(Lei nº 5.988, 14/12/1973)

Todos os direitos reservados pela
ÍCONE EDITORA LTDA.
Rua Anhanguera, 56/66 — Barra Funda
CEP 01135-000 — São Paulo — SP
Tels. (011)826-7074/826-9510

*"Se planejamos para um ano,
devemos plantar cereais.
Se planejamos para uma década,
devemos plantar árvores.
Se planejamos para toda a vida,
devemos treinar e educar o homem."*

(Kwantsu, séc. III a.C.)

gordo (ô). [Do lat. *gordu*.] *Adj.* **1.** Que tem gordura; untuoso, gordurento, gorduroso, grassento, grasso, graxo: *carne gorda.* **2.** Que tem o tecido adiposo desenvolvido: *criança gorda.* [Aum.: v. *gordalão.*] **3.** V. *gordurento.* (2). **4.** Semelhante à gordura. **5.** *Fig.* Alentado, volumoso... **6.** *Fig.* Avultado, considerável... **7.** Diz-se do terreno fértil... **8.** *Bras.* Diz-se das cartas pertencentes aos naipes de copas e espadas... **9.** *Tip.* Preto (7)... **10.** Qualquer substância gorda: *o gordo do porco.* **11.** Indivíduo obeso, gordo. [Sin., pop. deprec., nesta acepç.: *baleia, hipopótamo* e (bras.) *boi, elefante.*

obeso. [Do lat. *obesu*.] *Adj.* **1.** Excessivamente gordo, e de ventre proeminente. **2.** Muito gordo.

> (*Novo Dicionário da Língua Portuguesa*, Aurélio Buarque de Holanda Ferreira, Ed. Nova Fronteira, 2ª ed., 1986, pp. 858 e 1.208)

Índice

Primeira Parte — A obesidade
Introdução 15
O que é obesidade? 21
Vamos compreender a obesidade? 21
Localização da gordura corporal 32
Riscos da obesidade do adulto 32
Obesidade infantil 35
Como os pais devem agir, no caso de filhos gordos? 38
Riscos da obesidade infantil 40

Segunda Parte — O colesterol
O que é colesterol? 43
Quais as causas e os riscos das altas taxas de
colesterol no sangue? 44
Qual a taxa ideal de colesterol? 44
O que é gordura saturada? 44
O que é gordura insaturada? 45

Terceira Parte — A nutrição
Introdução 49
Noções básicas de nutrição 50
    O que é alimento? 50
    O que é nutrição? 50
    O que é nutriente? 51
    Vamos conhecer melhor os nutrientes? 51

Quarta Parte — Regimes da moda
Introdução 63
    Regime macrobiótico 63
    Dieta naturalista 65
    Regime vegetariano 66
    Regime da lua 68
    Moda "diet" 68

Quinta Parte — Fórmulas mágicas para
emagrecimento (drogas)
Introdução 75
    Anfetaminas 76
    Fenfluramina 77
    Fluoxetina 77

Anorexígenos periféricos 77
Drogas que diminuem a absorção dos alimentos ... 77
Laxantes e diuréticos 78
Hormônios tireoideanos 78
Agentes termogênicos 79

Sexta Parte — Dietoterapia: um tratamento sem
drogas ou regimes
Introdução 83
Tratamento 85
    Quais os objetivos da dietoterapia? 85
    O que é uma dieta adequada? 86
    Como fazer a dieta correta? 87
    Exemplos de cardápios 89
    Receitas 96
     1. Almôndegas ao forno 96
     2. Macarrão com molho branco 96
     3. Musse dietética de abacaxi 96
     4. Arroz verde 97
     5. Estrogonofe de frango 97
     6. Frango com couve-flor ao molho branco 97
     7. Nhoque simples 98
     8. Salsicha americana 98
     9. Bife à pizzaiolo 99
    10. Compota dietética de maçã 99
    11. Creme de iogurte 99
    12. Língua ensopada 99
    13. Carne enrolada com pimentão 100

Sétima Parte — Atividade física e gordura corporal
Introdução 103
Fatores benéficos da prática de exercícios físicos 105
Intensidade do exercício 106
Conclusão 109
Bibliografia 111

PRIMEIRA PARTE

A Obesidade

INTRODUÇÃO

A obesidade é um grande risco para a saúde e deve ser tratada como tal.

Está associada a diversas doenças, é multifatorial e dependendo da gravidade pode levar o indivíduo à morte.

Muitas pessoas comem por hábito e sem noção alguma do papel dos alimentos para o organismo. Raramente essas pessoas recordam o que comeram no dia anterior, portanto nem sequer têm noção do volume alimentar ingerido ou da qualidade dos alimentos que consumiram.

Vários indivíduos têm distúrbios orgânicos devido a uma dieta desequilibrada. A falta de certos nutrientes pode afetar tanto o corpo quanto a mente. O excesso alimentar também.

Tudo depende do equilíbrio. O equilíbrio energético vital resulta em saúde plena, e é a conseqüência de uma nutrição adequada.

O gordo, por várias razões, tem esse equilíbrio bastante alterado. O processo de "retorno" é demorado, e deve ser efetuado de forma gradativa: o organismo precisa de tempo, para readaptar-se à situação normal.

É por essa razão que os regimes são ineficientes e perigosos. Regimes para emagrecimento, prometendo uma fácil perda de peso com um mínimo de esforço, são freqüentemente muito divulgados e utilizados pelos gordos, trazendo conseqüências muito sérias para a saúde.

Geralmente criados por pessoas não-qualificadas, sem muita base nutricional científica, esses regimes têm somente objetivos especulativos — a despeito da publicidade, com freqüência extremamente exagerada. Sem contar as *fórmulas mágicas* para emagrecimento, muito utilizadas atualmente sem quaisquer critérios, que levam o gordo a uma significativa perda de peso em curto período de tempo, mas com alterações metabólicas importantes.

Muitos desses regimes e as tais fórmulas mágicas provenientes de modismo são cetogênicos, devido a rápida queima de gordura corporal, na qual há formação de cetonas que intoxicam o organismo. Os efeitos iniciais são geralmente cefaléias, náuseas, vômitos, diarréias, obstipação intestinal, poliúria, irritabilidade fácil, hipoglicemia etc.

Os gordos que os utilizam transformam-se em "gordos-sanfonas", ou seja: perdem peso rapidamente; então não dão aos músculos condições e tempo para recuperação da sua elasticidade e eficiência, ocorrendo a flacidez. Quando interrompem as fórmulas e regimes, engordam novamente, e cada vez mais. Além disso, os regimes não fornecem ao organismo os nutrientes essenciais suficientes, para a manutenção da saúde. Insatisfeitos, retomam as práticas errôneas de tratamento, repetindo a mesma história, até chegarem à conclusão de que tudo foi inútil. Esses gordos passam a vida toda "brigando" com o próprio corpo, incorporando culpas, auto-rejeição — e, o que é pior, tornando-se cada vez mais gordos.

Livrar-se do peso rapidamente, não significa livrar-se do problema.

O gordo não deve ser visto apenas como um peso que precisa ser reduzido. Ou como aquele que não tem auto-estima e força de vontade, e por isso não consegue emagrecer.

A obesidade, antes de tudo, representa um grande risco para a saúde, pois está associada a diversas doenças. Os gordos precisam de um tratamento racional, com cuidados especiais que resolvam seu problema sem danos físicos e psicológicos.

É preciso então identificar claramente as causas que levam os indivíduos à obesidade, utilizar tratamentos capazes de eliminar o problema, e não simplesmente camuflá-lo dando ao gordo apenas uma efêmera satisfação consigo mesmo.

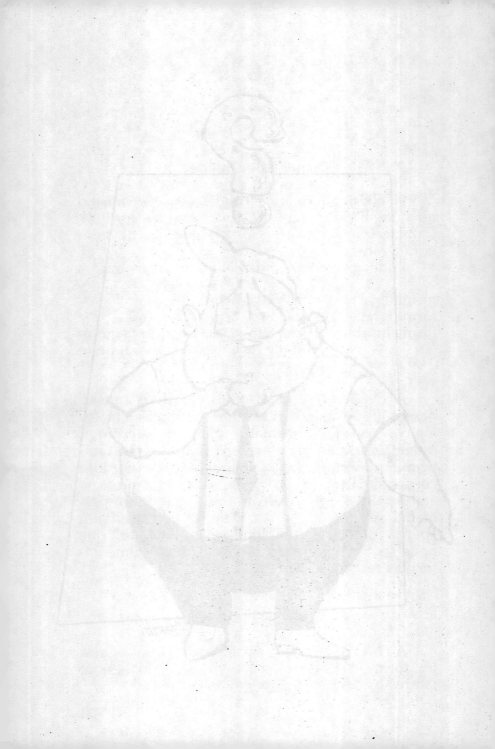

O que é obesidade?

A obesidade é uma condição do organismo no qual há um depósito excessivo de gordura. Caracteriza-se pelo desvio dos padrões de peso para a altura, idade e sexo.
Pode apresentar-se das seguintes maneiras:

forma leve —peso 20% acima do ideal
forma grave —peso 30% acima do ideal
forma mórbida—peso 50% acima do ideal (a quantidade de gordura corporal neste caso é muito grande).

A obesidade está associada a várias causas: desequilíbrios neuroendócrinos, genéticos e psicológicos, padrões alimentares impostos ou errados, sedentarismo, entre outras. Sexo, idade e etnia também têm influência na quantidade de gordura corporal, além de fatores socioeconômicos e ambientais. A obesidade, portanto, não é um problema simples, pois não é somente o resultado apenas do excesso da ingestão alimentar, que pode ser resolvido pela adoção de um regime alimentar restritivo.

Vamos compreender a obesidade?

A obesidade pode ser classificada das seguintes formas: obesidade endógena, obesidade por fatores psicológicos e obesidade exógena.

A — Obesidade Endógena

Ocorre em conseqüência de alterações metabólicas, fisiológicas e neuroendócrinas.

Podemos citar, dentro desta classificação, os seguintes exemplos:

a) *Fatores genéticos*

São importantes no aparecimento da obesidade. Mayer[*] estabeleceu que uma criança tem 10% de chance de ficar obesa se os pais têm peso normal; 50% de chance, se um dos pais é obeso, e 80% de chance, se pai e mãe são obesos.

Provavelmente há uma predisposição controlada geneticamente para que se desenvolva a obesidade.

As síndromes genéticas raras também estão relacionadas com o ganho de peso excessivo. Dentre elas, a síndrome de Prader-Willi[**] que se caracteriza por obesidade, hipotonia muscular, retardo mental, hipogonadismo, baixa estatura, mãos e pés pequenos.

b) *Fatores endócrinos*

Uma base glandular, para a obesidade, não é comum. É mais freqüente um distúrbio no funcionamento de uma ou mais glândulas endócrinas, capazes de apenas facilitar o desequilíbrio do peso corporal, sendo a ingestão alimentar um fator de maior importância.

A síndrome de Cushing é a doença endócrina mais freqüentemente associada à obesidade. Pode

---

[*] Mayer, J. *Overweight: causes, cost and control*, Englewood Clifs, NJ, Prentice-Hall, Inc., 1968.
[**] Cf. Gaiarsa, Octaviano A. *Sindromologia — moléstias eponímicas*, Ícone Editora, 1994.

resultar de uma hiperplasia nas glândulas suprarenais. O desenvolvimento da obesidade devido a essa síndrome é mais notável nas crianças, que sofrem uma interrupção do crescimento linear, com um acúmulo rápido de gordura corporal.

A deficiência na produção do hormônio de crescimento pela hipófise também está associada ao aumento de gordura corporal: quando indivíduos com essa anormalidade endócrina recebem doses de reposição desse hormônio, podem apresentar redução significativa de gordura.

c) *Obesidade hipotalâmica*

É uma síndome rara nos seres humanos, porém pode ser reproduzida regularmente em animais, através de uma lesão na região ventro-medial do hipotálamo.

O hipotálamo é uma porção do cérebro de aproximadamente 5 a 6 centímetros de tamanho, localizada na base, próximo ao tronco cerebral.

É nesta região que encontramos o principal centro regulador da alimentação nas subdivisões: hipotálamo ventro-medial (HVM) e hipotálamo lateral (HL).

Quando há uma lesão no HVM, ocorre hiperfagia, ou seja: aumento excessivo na ingestão de alimentos, sem controle, levando a um rápido aumento da gordura corporal com conseqüente obesidade.

Se a lesão ocorre no HL, dá origem a um quadro de *anorexia* — falta da vontade de ingerir alimentos — podendo haver perda significativa de peso com desnutrição grave e morte.

A obesidade hipotalâmica pode ocorrer nos seres humanos por traumatismos, doenças malignas e inflamatórias, além de determinadas drogas envolvendo o HVM.

B — Obesidade por Fatores Psicológicos

No desenvolvimento da obesidade, estes fatores são muito conhecidos, mas não há um tipo específico de personalidade associado ao problema.

O fator social, aqui, também é importante. A sociedade estigmatiza o gordo, facilitando sentimentos de auto-rejeição, rotulando o excesso de peso como um desvio social gerado pela falta de autocontrole.

A pessoa gorda adquire então uma reação de auto-anulação e autodegradação, que ajuda a perpetuar a imagem de um desvio social. Ser gordo é errado. É estar fora do padrão social de estética. Assim, ela entra num círculo vicioso de baixa estima, depressão e compulsão de comer, piorando o quadro, como num processo de autopunição.

Muitos indivíduos com excesso de peso comem demais para satisfazer uma ou mais necessidades emocionais. A fartura alimentar compensa ou substitui as carências afetivas, acalmando os conflitos interiores.

Quando os alimentos preenchem as necessidades emocionais, a saciedade ou não é reconhecida, ou é ignorada fisiologicamente. O indivíduo se torna dependente do alimento como um soporífero para aliviar a ansiedade, a frustração e o vazio emocional.

Para os gordos, o alimento pode representar amor, segurança, satisfação, alívio das tensões, doçura — mesmo que apenas a do açúcar.

Os gordos em geral vêm de famílias *orais* em sua orientação diante da vida. Pais incapazes de dar amor, davam comida; pais que reprimiam a sexualidade, tentavam compensá-la com a comida; pais que tinham pouco dinheiro, se orgulhavam de uma mesa farta, e assim por diante.

No que diz respeito ao corpo, o indivíduo gordo é um alienado em relação a si mesmo. O corpo torna-se seu maior inimigo.

Para a mulher gorda, o corpo gordo pode ser tanto o ventre como um túmulo. Neste último caso, pode estar pronta para desistir de buscar a força vital que está enterrada viva em seu próprio interior.

Se tiver a coragem de se enxergar e ver de fato o seu lado sombrio, enfrentando seu problema de sombra (parte inconsciente da personalidade) sem com ele identificar-se, ela pode ser capaz de perceber a sua gordura simbolicamente, buscando sua própria consciência.

O relacionamento consciente com o próprio corpo pode dar-lhe a oportunidade de um relacionamento com sua feminilidade inconsciente. Assim a mulher gorda poderá aceitar seus opostos e lidar com seus sofrimentos, até que o corpo possa ressuscitar.

Já a criança gorda apresenta um mau ajustamento emocional. Alguns estudos com testes projetivos descobriram distúrbios da representação da imagem do corpo, uma confusão de identificação sexual e, em certos casos, traços de aparência psicótica.

É importante avaliar na criança gorda se a hiperfagia e a inatividade física estão associadas, não apenas na história somática, mas também ao ajustamento social pobre, a uma imaturidade emocional ou a uma maturidade defeituosa. É preciso conhecer o valor que adquire a hiperfagia dentro desta desorganização.

A criança cujas necessidades estão reprimidas e insatisfeitas reage através de uma solicitação alimentar crescente e um desejo de satisfação imediata. A alimentação torna-se equivalente do amor, obtendo um valor de compensação e reconforto.

O peso, para a criança gorda, passa a ter um valor simbólico de grande importância; há o temor de perder sua força com o emagrecimento, pois a obesidade serve de proteção para problemas e dificuldades para os quais ela não consegue encontrar solução. É natural portanto que resista à dieta ou ao regime, quando lhe são impostos.

Há três tipos psicológicos de gordos:

1º — O gordo cujo estado não depende de problemas emocionais.

2º — O gordo cujo estado é a conseqüência de uma experiência emocional traumatizante, na qual a hiperfagia e a obesidade têm a função de protegê-lo da angústia e da depressão.

3º — O gordo cujo estado se caracteriza sobretudo por uma impossibilidade de suportar as frustrações ou um retardamento na gratificação.

A obesidade corresponde a tipos muito particulares de adaptação. Determinados indivíduos respondem às dificuldades vitais por meio da compulsão de comer, em vez de reagir por uma outra forma psicopatológica qualquer. O problema psicológico está sempre presente, seja ele primário ou secundário.

Há dois grupos distintos de gordos:

a) Aqueles que, excetuando-se o peso, são quase normais do ponto de vista psicológico, chegando por vezes a emagrecer até atingirem um peso estável, desde que o regime prescrito não seja muito rigoroso.

b) Aqueles para quem as imposições, provenientes do exterior, são sentidas como novas frustrações, e que só podem seguir uma dieta quando acompanhados por um tratamento psicológico associado.

Os pais se revoltam freqüentemente contra o que eles chamam de "falta de vontade" da criança em fazer a dieta para perder peso. Na realidade, os estímulos dados pelos pais ou pelos profissionais — que tratam a criança "falta de vontade" — podem estar completamente errados, e estes vêm a confundir mais ainda os seus sentimentos em relação ao problema, tornando-a mais problemática ainda.

Apenas uma profunda análise da personalidade da criança gorda, bem como de sua história de vida, associada ao tratamento nutricional, trará resultados positivos na melhora de sua saúde.

Bruch[*] identificou dois tipos de obesidade psicológica:

1º — *Obesidade reativa*

Resulta da ingestão excessiva de alimentos, como reação emocional a situações ambientais.

2º — *Obesidade do desenvolvimento*

Nestes casos a depressão é comum, porém não intensa. A ingestão de alimentos é utilizada para reduzir os sentimentos de carência emocional, que haviam surgido desde o início da infância e que historicamente estão associados a casamentos instáveis nas famílias dos indivíduos. Nas estruturas da personalidade dessas pessoas, são comuns características como obstinação, rebeldia, necessidade de autonomia e prudência em estabe-

---

[*] Bruch, H. *Eating disorders obesity, anorexia nervosa and the person within.* Nova York, Basic Books, 1973.

lecer relações, bem como conflitos envolvendo exibicionismos.

C — Obesidade Exógena

Ocorre por ingestão alimentar excessiva, baixo nível de atividade física (sedentarismo) e aspectos culturais.

Podemos considerar três fatores importantes neste tipo de obesidade:

a) *Hábitos alimentares errôneos ou inadequados*

Estão diretamente relacionados com o ganho de gordura corporal e a obesidade.

Hiperalimentação, dietas não convencionais, suplementos alimentares desnecessários, ingestão de alimentos de calorias vazias (apenas engordam e não nutrem), excessos na ingestão de açúcares e gorduras, podem ser diretamente responsáveis pela obesidade.

No mundo moderno, especialmente nos grandes centros urbanos, verifica-se uma profunda modificação dos hábitos alimentares. Por um lado, a proliferação de lanchonetes, refeições muito rápidas e o consumo cada vez maior de alimentos industrializados. Por outro lado, problemas de produção e distribuição de alimentos, fazendo com que estes cheguem ao consumidor muito tempo depois de serem colhidos.

A própria maneira de preparar os alimentos pode acabar por destruir a maior parte de seus nutrientes importantes, sem contar a falta de tempo das pessoas para a prática das refeições normais, mudando radicalmente os hábitos alimentares saudáveis.

Como resultado disso, grande parte dos indivíduos nos grandes centros apresentam um ganho de peso excessivo aliado a déficits de substâncias vitais, ou uma carência crítica nutricional que precisa ser suprida — não desconsiderando aqui, evidentemente, os aspectos psicológicos, sociais e econômicos.

Falta de energia, cansaço fácil, dificuldade de recuperação após esforço físico, falta de atenção e concentração, irritabilidade fácil, entre outros, são os sintomas característicos de indivíduos com hábitos alimentares incorretos.

b) *Sedentarismo*

É importante no desenvolvimento da obesidade ou ganho de gordura corporal.

Entendemos, como saúde, a capacidade de gozar ao máximo o que a vida pode oferecer, com o corpo e a mente sadios. A Organização Mundial da Saúde (OMS) preconiza: "Saúde é o perfeito equilíbrio físico, mental e social do indivíduo".

Entretanto, como vivemos num meio pouco saudável, aceitamos um grau de saúde precária durante toda a vida e quase nada fazemos a esse respeito.

Preferimos conservar os hábitos e o estilo de vida que nos permitem pouco mais que nos arrastarmos ao longo da existência do ponto de vista da saúde, ao invés de tentarmos alterar e melhorar as coisas.

É difícil fazer os exercícios desejáveis no ambiente urbano, para a maioria das pessoas.

No entanto é possível fazer exercícios físicos, sim; basta que haja estímulos para isto.

Quando uma pessoa faz exercícios regularmente, ela fica fisicamente bem-disposta e seu estado mental ou emocional parece melhor. A sensação de bem-estar, de energia e calma interior parece aumentar.

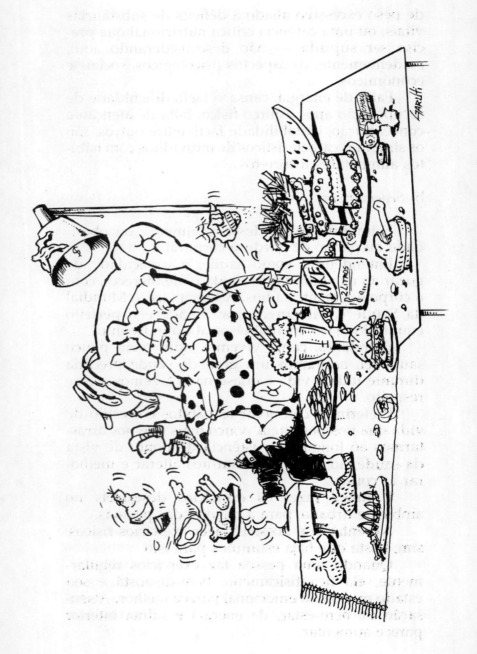

As pessoas sedentárias podem iniciar gradualmente exercícios corporais, até que isso faça parte do seu estilo de vida.

Exercícios regulares são vitais para a saúde. Ajudam a melhorar a aparência e a disposição, proporcionando inclusive um bom padrão de sono. Sem eles, os músculos tornam-se flácidos, debilitados e ineficientes.

Os sedentários, que já perderam aquela natural confiança e alegria em dispor de seus corpos, precisam explorar o exercício como se fosse um "continente perdido". Como não há uma regra geral que sirva para todos, devem procurar saber, através de uma avaliação física, quais das atividades mais lhes convêm, bem como saber quando e o quanto se exercitar.

Dieta equilibrada, associada à prática de exercícios, é a melhor maneira de perder peso e obter boa saúde.

No caso do sedentarismo, além de tudo, há um aumento da ingestão alimentar que vai ser responsável pelo ganho de peso. Isto pode ser atribuído à menor utilização da glicose sanguínea. Devido ao baixo nível de atividade física, com menor gasto de energias, a glicose não utilizada é transformada em reserva ou estoque de gordura.

c) *Aspectos culturais*

Determinados povos têm hábitos de ingestão alimentar excessivos ou exagerados em alimentos muito mais ricos em calorias, como os açúcares e as gorduras.

Estes hábitos podem passar para os seus descendentes, sendo transferidos de geração a geração.

Localização da gordura corporal

Os indivíduos são diferentes quanto à localização da gordura corporal.

Os homens têm uma tendência a acumular mais gordura na região abdominal. A eles, neste caso, é conferido padrão *andróide* ou masculino de distribuição de gordura. Mesmo magros, podem apresentar aquela famosa "barriguinha".

Entretanto, os homens também podem apresentar o padrão feminino de obesidade.

As mulheres tendem a acumular maiores quantidades de gordura na região glútea, possuindo assim maior circunferência de quadris.

Neste caso é conferido as mulheres o padrão *ginecóide* ou feminino de distribuição de gordura. Além disso podem apresentar também gordura na região das coxas e glúteos, ao que chamamos de obesidade *glúteo-femoral*. Mesmo magras, podem ter os famosos "culotes".

Mas, assim como os homens, as mulheres podem ter padrão *andróide* ou abdominal: a já citada "barriguinha", mesmo sendo magras.

Há também a *obesidade generalizada*, com distribuição de gordura por todo o corpo.

Alguns estudos demonstraram que a obesidade localizada (padrão andróide, ginecóide ou glúteo-femoral) pode levar a um maior risco de doenças crônico-degenerativas (cardiopatias, diabetes, hipertensão arterial etc.).

Riscos da obesidade do adulto

A obesidade pode levar o indivíduo a um maior risco para diversas doenças, como:

a) *Diabetes mellittus*
A obesidade constitui o maior fator de risco.

b) *Doenças cardiovasculares*
   Excesso de peso está associado a maior morbidade e mortalidade por cardiopatias.

c) *Câncer*
   Vários estudos demonstraram a relação entre a obesidade e a mortalidade por câncer de mama, endometrial, do cólon, do reto e da próstata.

d) *Alterações circulatórias*
   A obesidade pode ser responsável por esses quadros.

e) *Hipertensão arterial*
   Há uma alta incidência de hipertensão arterial em indivíduos obesos.

f) *Arteriosclerose*
   A obesidade está altamente relacionada com esta doença.

g) *Hipercolesterolemia*
   Está relacionada com a obesidade, e a hipertensão arterial vem a agravar este processo.

h) *Hiperlipemia*
   Está associada à obesidade.

i) *Problemas estruturais*
   Deformidades na coluna e articulações devido ao peso excessivo.

Além de tudo, a obesidade ou o peso excessivo estão relacionados com a redução das atividades motoras, fadiga, problemas psicológicos e afetivos como: rejeições, discriminações, carências etc. — e, o que é mais importante, a obesidade reduz a longevidade.

Entre várias outras conseqüências, a obesidade representa um grande risco para a saúde. Isto pode ser evidenciado por dados estatísticos atuais de várias partes do mundo que assinalam o aumento da taxa de morbidade e mortalidade entre os indivíduos obesos, principalmente nos países desenvolvidos. Mas este quadro tem se repetido nos países em desenvolvimento, mesmo antes de estes resolverem o problema da fome e da desnutrição.

A prevenção e o tratamento, bem como o controle da obesidade, devem iniciar-se na infância e na juventude, principalmente devido à dificuldade de se modificarem hábitos alimentares inadequados na idade adulta.

Entretanto, o adulto que adquire consciência do seu excesso de peso pode iniciar tratamento para a sua redução e adequação, chegando sem traumas ao seu peso bom. O que não ocorre com aqueles gordos inconscientes, que vão buscar resultados fáceis e paliativos.

Obesidade infantil

O início da obesidade durante a infância pode se caracterizar por um aumento do número de células gordurosas. Lactentes que ganham muito peso tendem a ser obesos nas fases seguintes, durante o início da vida, podendo esta obesidade permanecer durante a adolescência, com um maior fator de risco para a obesidade na fase adulta.

A obesidade infantil pode ser causada por fatores genéticos, como já vimos anteriormente, ou por vários outros, como:

a) introdução precoce dos alimentos sólidos nos primeiros seis meses de vida. A amamentação deve ser respeitada neste período, pois é suficiente para nutrir a criança;

b) o peso excessivo dos pais devido aos exageros na ingestão de alimentos. Esses exageros podem ser passados para os filhos;
c) tamanho da família. Filho único tem maior tendência ao ganho de peso excessivo;
d) disponibilidade exagerada de alimentos;
e) sedentarismo;
f) qualidade dos alimentos ingeridos;
g) ingestão de drogas estimulantes do apetite, levando a criança à hiperfagia.

Devo acrescentar ainda que os pais têm grande responsabilidade na alimentação de seus filhos. O excesso alimentar provocado por pais "extremosos" pode levar os filhos rapidamente a um ganho de peso excessivo e até mesmo a traumas importantes.

Determinados pais transformam o momento das refeições em sessões de tortura, tanto para as crianças quanto para eles próprios. Algumas conseqüências sérias podem ocorrer de tais ações.

a) A criança come apenas para chamar a atenção dos pais, porque nestes momentos ela é o centro das atenções. Quando "limpa o prato" ela é bastante elogiada. Quando não, ela é reprimida e sente-se rejeitada. Torna-se hiperfágica e gorda para agradar e ganhar atenção.

b) A criança rejeita determinados alimentos e os pais fazem barganha para que ela coma aquilo, mesmo sem gostar. Ela aprende a fazer chantagens para ganhar coisas, utilizando os alimentos para isso.

c) A criança é colocada de castigo à mesa e lá permanece até que coma tudo, ou quase tudo que os pais acreditem ser suficiente para ela. Comer, para essa criança, é um castigo. Ela chega a ter náuseas quando a comida é introduzida forçosamente em sua boca. Mesmo assim ela é obrigada a ingerir o "castigo".

d) A criança não quer comer, mas é forçada a sentar-se à mesa, e ameaçada com o chinelo ou algum outro instrumento. Chega às vezes a apanhar para comer. Para essa criança comer é dor, é sofrimento, é medo de apanhar. Por isso come bastante para se proteger, para não sofrer.

As crianças devem ter seus mecanismos de fome e saciedade respeitados. Não devemos estimular a hiperfagia ou excesso de ingestão alimentar nas crianças, mesmo que elas sejam magras. Magreza nem sempre significa processos de desnutrição ou depleção nutricional.

É possível, gradativamente, uma criança adquirir hábitos corretos de alimentação.

Se a família tem bons hábitos alimentares, a criança se projetará para eles. Caso contrário, antes de corrigir a criança, a família deverá corrigir seus hábitos e só então estimular a criança a segui-los também. Os filhos muitas vezes se espelham nos pais.

Como os pais devem agir, no caso de filhos gordos?

Se não houver problemas neuroendócrinos, os pais devem procurar a orientação de um profissional *Nutricionista* para a adequação e correção de hábitos alimentares.

Até que ponto a dieta da criança deve ser rígida? Ela será eternamente privada de refrigerantes e guloseimas?

Uma criança gorda sem problemas endócrinos jamais deverá fazer regime alimentar rigoroso, pois este poderá trazer danos para o seu crescimento e desenvolvimento.

Deverá, sim, receber uma nutrição orientada e de excelente qualidade, respeitando quantida-

des, atividade física, biotipo, além das preferências alimentares, garantindo primeiramente a nutrição e adequação de peso em função do crescimento. Até mesmo guloseimas e refrigerantes são permitidos, nas doses adequadas ao tratamento.

Além disso, a criança deve ser estimulada a praticar esportes. A preferência pela atividade física deverá ser respeitada, mas, seja qual for o esporte que ela venha a escolher, é necessário fazê-la passar por uma avaliação física e clínica.

Riscos da obesidade infantil

a) A obesidade na infância aumenta o risco da obesidade na fase adulta.

b) Pode aumentar os riscos para as doenças cardiovasculares, diabetes etc.

c) Pode levar a criança a ter pressão sanguínea alta.

d) Pode colaborar para o aumento dos níveis de mau colesterol (LDL/VLDL) e diminuição dos níveis de bom colesterol (HDL) no sangue.

e) Podem ocorrer deformações da coluna vertebral proporcionais ao excesso de peso, interferindo inclusive no crescimento.

Segunda Parte

O Colesterol

O que é colesterol?

Colesterol é uma substância inodora, branca, cerácea, que não pode ser vista a olho nu nos alimentos mas está presente, principalmente nos alimentos de origem animal.

É utilizado pelo organismo para formar substâncias essenciais às células e hormônios.

O colesterol e outras gorduras do sangue são ligados a proteínas específicas. Essas proteínas transportam as gorduras para dentro e fora do sangue, em complexos denominados *lipoproteínas*.

Cada lipoproteína contém colesterol, fosfolipídios, triglicerídios e proteínas em proporções diferentes. Cada uma tem características próprias:

VLDL — lipoproteína de densidade muito baixa;
LDL — lipoproteína de baixa densidade;
HDL — lipoproteína de alta densidade.

A HDL é conhecida como "bom colesterol" porque tem mais proteínas e menos colesterol.

A LDL é conhecida como "mau colesterol" porque tem mais colesterol e menos proteínas.

A VLDL, além de muito baixa quantidade de proteínas, auxilia na produção do "mau colesterol" fazendo com que haja diminuição do "bom colesterol"; enquanto o HDL retira o colesterol das células para facilitar sua eliminação do corpo, mantendo os níveis normais, o LDL ajuda o colesterol a entrar nas células, favorecendo o acúmulo nas artérias e formando as placas de gordura.

Quais as causas e os riscos das altas taxas de colesterol no sangue?

As causas podem ser:

a) dietas ricas em gorduras de origem animal;
b) obesidade causada por sedentarismo, baixa ingestão de fibras e alta ingestão de alimentos gordurosos.
Estudos epidemiológicos demonstram que as gorduras saturadas e o colesterol presentes na dieta elevam o colesterol sanguíneo, podendo colaborar para a arteriosclerose e o fenômeno trombótico e levando a uma incidência maior de mortalidade por doenças coronarianas.

Qual a taxa ideal de colesterol?

Recentemente, as taxas de colesterol sanguíneo para adultos têm sido classificadas como:

DESEJÁVEL — menor que 200 mg/dl
LIMÍTROFE — de 200 a 239 mg/dl
ALTA — acima de 240 mg/dl

(mg = micrograma)
(dl = decilitros)

O que é gordura saturada?

É uma gordura "dura", muito rica em colesterol, e está presente em alimentos como creme de leite, manteiga, banha de animais, sebo, aves, queijos, ovos etc.

O que é gordura insaturada?

É a gordura "mole" ou líquida à temperatura ambiente, e pobre em colesterol. Presente nos alimentos de origem vegetal (excetuando-se o óleo de coco, rico em colesterol), podemos encontrá-la nos óleos de soja, amendoim, milho, girassol etc.

Terceira Parte

A Nutrição

INTRODUÇÃO

O nosso organismo necessita de alimentos para:

— fornecer energia para as funções fisiológicas;
— fornecer energia para o trabalho e movimento do corpo;
— manter a temperatura do corpo;
— manter a saúde e o crescimento adequado do corpo;
— reparar prováveis distúrbios e lesões que o organismo possa sofrer.

A alimentação diária deve ser proveniente de várias fontes: nenhum alimento isoladamente proporciona uma eficiência nutritiva ideal.

O corpo é feito de diversos materiais e estes podem ser fornecidos por uma grande variedade de alimentos para se atingir uma boa saúde.

Vamos imaginar o corpo humano como uma grande fábrica, cuja produção é a saúde, e com milhões de trabalhadores (células), trabalhando vinte e quatro horas por dia para manter a produção em um bom nível.

Cada trabalhador-célula precisa ser alimentado para realizar sua função, no seu departamento específico. Temos vários departamentos nessa grande fábrica, como o departamento do cérebro, o do coração, o do pulmão, o do fígado etc.

Se cada trabalhador-célula recebe diariamente nutrientes suficientes para o seu desempenho, não há como seu departamento apresentar problemas.

Caso contrário, os trabalhadores vão ficando fracos e ineficientes em suas funções; os departamentos começam a apresentar problemas, apesar dos mecanismos de adaptação; vão tirando daqui e dali para compensar as carências nutricionais, até não resistirem mais e o corpo chegar ao que chamamos de doença.

Muitas doenças provêm de uma nutrição errada. Não há nada que colabore tanto para o acúmulo de impurezas no sangue como uma alimentação incorreta.

Enfim, a boa alimentação é responsável pela boa saúde.

Mas, será qualquer alimento suficiente para isto? A resposta é *não*. A alimentação deve ser equilibrada, ou seja, devemos ingerir diariamente todos os nutrientes necessários à manutenção da vida.

E vale aqui o ditado: **Você é o reflexo daquilo que come.**

Mais ainda: **Teu corpo é produto da tua nutrição!**

Boa Alimentação = Boa Nutrição = Boa Saúde

NOÇÕES BÁSICAS DE NUTRIÇÃO

O que é alimento?

Alimento é toda substância ou mistura de substâncias no estado sólido, líquido, pastoso ou qualquer forma adequada, destinada a fornecer ao organismo humano elementos normais a sua formação, manutenção, desenvolvimento e saúde.

O que é nutrição?

Nutrição é o processo pelo qual o organismo ingere, digere, absorve, transporta, utiliza e elimina as substâncias alimentares.

A nutrição pode estar relacionada com regras sociais, culturais, econômicas e psicológicas, de acordo com cada grupo ou população.

O que é nutriente?

Nutriente é o produto do alimento, ou seja, é a substância que o organismo vai absorver.

Cada nutriente tem funções específicas, a saber: dar energia e força, construir e reparar o organismo, proteger contra as enfermidades.

O nutriente que dá energia e força chamamos de *energético* ou *carboidrato*.

O nutriente que constrói e repara o organismo chamamos de *construtor* ou *proteína*.

O nutriente que protege contra as enfermidades chamamos de *regulador* ou *vitamina*.

Além dos *minerais*, que têm função construtora e auxiliam em diversas funções fisiológicas.

Vamos conhecer melhor os nutrientes?

A — *Carboidratos ou hidratos de carbono*

São os açúcares (glicídios) e as gorduras (lipídios).

a) *Glicídios*

Os glicídios, principalmente sob a forma de grãos de cereais e raízes, são a principal fonte de energia para várias populações, representando a forma de energia mais barata e mais facilmente digerível.

São classificados como:

Monossacarídeos — ou açúcares simples. Exemplo: mel e glicose.

Dissacarídeos — ou açúcares formados por dois monossacarídeos. Exemplo: sacarose (açúcar de cana), maltose (açúcar do malte), lactose (açúcar do leite).

Trissacarídeos — junção de glicose mais frutose mais galactose (lactose e glicose). Este açúcar é encontrado no melado com sacarose.

Polissacarídeos — contêm várias centenas de unidades de glicose e são menos solúveis que os outros açúcares. Para utilizá-los temos de levá-los ao cozimento. Exemplo: amido.

Papel dos glicídios na saúde:

— principal fonte de energia na dieta humana;
— poupar proteínas, principalmente quando o fornecimento protéico é pequeno;
— fornecer energia para o funcionamento do cérebro, dos nervos e do tecido pulmonar;
— são importantes na desintoxicação de vários produtos intermediários do metabolismo normal de certas drogas, como a morfina, por exemplo.

Fontes de glicídios: grãos de cereais, raízes, mel, açúcar branco, açúcar mascavo etc.

b) *Lipídios*

As gorduras constituem uma forma de estocar energia. Além do alto valor energético, contêm ácidos graxos essenciais que atuam como carreadores para as vitaminas lipossolúveis.

Ácidos graxos essenciais são gorduras de fácil absorção.

Papel dos lipídios na saúde:

— protegem o esqueleto e a pele;
— são fontes concentradas de energia;

- ajudam a manter a elasticidade da pele;
- colaboram na absorção das vitaminas A, D, E, K;
- preservam o calor corpóreo;
- influenciam a concentração de colesterol no sangue;
- diminuem a secreção gástrica;
- retardam o desenvolvimento da fome.

Cuidado: Apesar de todos os benefícios, o excesso da ingestão de lipídios pode levar a doenças crônico-degenerativas (cardiopatias, hipertensão etc.).

Fontes de lipídios: gorduras de origem animal (banha, toucinho, manteiga etc.), gorduras de origem vegetal (amendoim, soja, milho, girassol, algodão etc.).

B — *Proteínas*

Os aminoácidos são os componentes mais importantes das proteínas, porque são essenciais na síntese dos tecidos orgânicos em crescimento.

Aminoácidos são ácidos orgânicos, e classificados de acordo com seus valores nutricionais.

Uma proteína completa tem todos os aminoácidos essenciais, portanto é considerada uma proteína de alto valor biológico e deve existir na dieta, pois o organismo não consegue produzir esses elementos. Mas existe a proteína incompleta, que não possui todos os aminoácidos essenciais.

Os aminoácidos essenciais são: histidina, leucina, triptofano, isoleucina, metionina, fenilalanina, valina e treonina.

A proteína é a única fonte alimentar de nitrogênio no organismo, e o balanço do nitrogênio é tão importante na saúde quanto na doença.

Vitaminas (proteção)

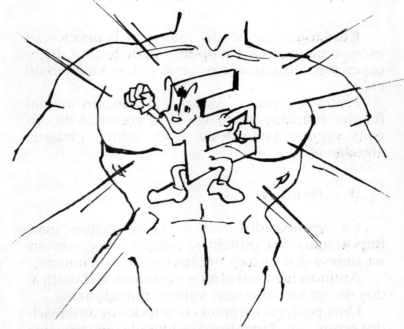
Carbohidratos (energia)

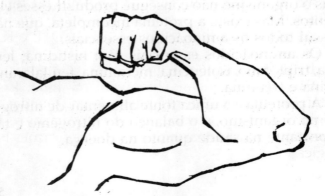
Proteínas (crescimento)

Papel das proteínas na saúde:

— construção de novos tecidos do corpo;
— fontes de calor e energia;
— regulação hormonal;
— crescimento corpóreo;
— resistência do organismo às doenças sob a forma de imunoglobulinas;
— contribuem para numerosos fluidos e secreções corpóreas essenciais.

Fontes de proteínas: leite e derivados, carnes, peixes, crustáceos, vísceras, ovos etc.

C — *Vitaminas*

São compostos orgânicos que existem em pequenas concentrações nos alimentos.
Desempenham funções vitais nas células e tecidos do corpo. A sua carência provoca doenças sérias no organismo.

Classificação das vitaminas:

a) *Vitaminas lipossolúveis*
São aquelas que se dissolvem em gorduras (lipídios) e são absorvidas no trato gastrintestinal como os lipídios. Podem ser armazenadas no organismo até certo ponto, principalmente no fígado (Vit. A).
As vitaminas lipossolúveis são: A, D, E e K.

b) *Vitaminas hidrossolúveis*
São aquelas que se dissolvem na água. Essas vitaminas não são normalmente armazenadas no organismo, por isso um suprimento diário se faz necessário para evitar a depleção das funções biológicas.

As vitaminas hidrossolúveis são : C, tiamina, riboflavina, niacina, e todas do complexo B (B12, B6 etc.).

Papel das vitaminas na saúde:

— regulam o metabolismo;
— auxiliam na conversão das gorduras e hidratos de carbono em energia;
— participam na formação de ossos e tecidos;
— protegem contra diversas doenças.

Tabela 1 — Funções de algumas vitaminas

Vitaminas	Fontes	Funções	Carências
A - Retinol	Leite, fígado, gema, margarina, queijo etc.	Crescimento do tecido epitelial, ósseo, integridade da visão.	Cegueira noturna, xeroftalmia.
D - Calciferol	Leite, gema, sardinha etc.	Formação dos ossos e dentes, absorção de Ca e fósforo etc.	Raquitismo, osteomalácia, cáries dentárias.
E - Tocoferol	Germe de trigo, óleo, gema, nozes etc.	Antioxidante, reprodução, protege células sanguíneas da hemólise.	Esterilidade, distrofia muscular, anemias.
K - Menadiona	Fígado, soja, tomates etc.	Anti-hemorrágica, produção de protrombina (coagulação)	Aumenta hemorragias, equimoses, hematúria, redução da coagulação.
C - Ácido ascórbico	Limões, cerejas, acerola, laranja, abacaxi, morango, caju etc.	Crescimento, cicatrização, formação dos dentes, reduz infecções, previne escorbuto e absorção de Fe.	Escorbuto, anemia ferropriva, hemorragia, inflamação de gengivas e articulações.
B 12	Fígado, leite e derivados, rim etc.	Metabolismo do tecido nervoso, crescimento, metabolismo das gorduras, formação das hemácias.	Anemia perniciosa.

D — *Minerais*

São elementos não-orgânicos, encontrados no corpo e nos alimentos, e são essenciais para a nutrição. São classificados como:
a) Elementos macronutrientes: cálcio, fósforo, potássio, cloro etc.
b) Elementos micronutrientes: ferro, flúor, iodo, cobre, cromo etc.

Papel dos minerais na saúde:

— regulam o metabolismo de diversas enzimas;
— mantêm o equilíbrio ácido-básico;
— mantêm a pressão osmótica;
— mantêm a irritabilidade muscular e nervosa;
— auxiliam diretamente no crescimento.

Tabela 2 — Funções de alguns minerais

Mineral	Fontes	Deficiências
Cálcio	Leite e derivados, peixes, mariscos, repolho etc.	Osteoporose, hipocalcemia, má formação dos ossos e dentes.
Fósforo	Queijos, gemas, carnes, cereais, peixes etc.	Queda do metabolismo celular, má formação do esqueleto.
Magnésio	Carnes, nozes, vegetais verdes, legumes etc.	Má absorção, perdas de fluidos corporais.
Ferro	Fígado, carnes, legumes, grãos, caldo de cana, gema, açúcar mascavo etc.	Anemia ferro-priva, perdas sanguíneas, má absorção.

E — *Água*

Embora não seja considerada um nutriente, a água é um dos elementos mais importantes para a manutenção da vida. Nosso organismo é composto de 60 a 70% de água e nossas células só funcionam em meio líquido.

A necessidade de líquidos do organismo é detectada através do sintoma da sede, que é um mecanismo protetor.

Papel da água na saúde:

— é essencial para a produção de energia;
— colabora nas atividades de digestão e absorção;
— regulação ácido-básica;
— balanço hídrico.

F — *Fibras*

As fibras também não são consideradas nutrientes mas são encontradas nos alimentos de origem vegetal, como legumes, verduras, grãos e frutas.
São substâncias não-digeríveis (celulose).

Papel das fibras na saúde:

— saciedade;
— estimulam o peristaltismo intestinal, normalizando suas funções;
— colaboram no transporte das gorduras, auxiliando na perda de peso corporal.

Atenção: O excesso na ingestão de fibras pode irritar a mucosa intestinal.

Para ter uma boa saúde, como um alimento de cada grupo, nas refeições principais:

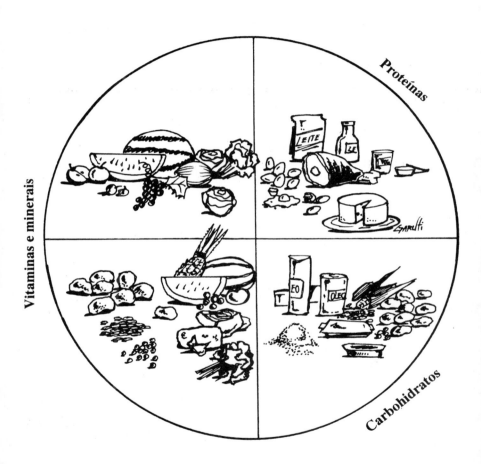

QUARTA PARTE

Regimes da Moda

INTRODUÇÃO

Os modismos dietéticos são numerosos, e a aderência a eles é muito grande em função das promessas de maravilhosos resultados.

É preciso muito cuidado com os radicalismos que eles apresentam. A adoção desses regimes malucos pode trazer enfermidades de todas as espécies, devido ao desequilíbrio que causam no metabolismo humano.

Além disso, eles não têm fundamento científico e, quase sempre, devido ao emagrecimento rápido, podem causar anemias, taquicardias, desequilíbrio hídrico, fraqueza, "efeito-sanfona" etc. — e grandes decepções, pois quando são interrompidos, os velhos hábitos alimentares são retomados devido à euforia da perda rápida de peso, até que a balança o acuse novamente mais e mais.

Chega de transformar o corpo num laboratório!

Pare de fazer testes com o organismo!

Apresentaremos, a seguir, alguns dos muitos modismos "dietéticos" já conhecidos.

Regime macrobiótico

Surgiu no Egito e foi levado para a China há cerca de seis mil anos.

O termo macrobiótico vem do grego *macro* = grande e *bios* = vida; define-se filosoficamente no equilíbrio de forças negativas e positivas (*yin* e *yang*), encontradas no corpo e na natureza.

O equilíbrio da dieta representa a saúde, a felicidade e o desenvolvimento espiritual. A quebra desse equilíbrio pode significar doença e infelicidade, pois para a macrobiótica a doença é causada pelo desequilíbrio das forças.

Na prática as regras principais da macrobiótica são:
— alimentos *yin* (negativos): alimentos doces, potássio, oxigênio, nitrogênio, fósforo;
— alimentos *yang* (positivos): cereais, sódio, carbono, hidrogênio.

Para atingir o máximo estágio da vida, alguns planos dietéticos devem ser seguidos:

— saber a quantidade mínima de água necessária à sobrevivência;
— excluir o açúcar branco;
— não consumir alimentos em conserva;
— limitar ao máximo a ingestão de líquidos;
— não utilizar produtos de origem animal;
— evitar alimentos desequilibrados, como tomate, batata, pimentão, berinjela etc.;
— evitar frutas cítricas e sucos de frutas;
— proibidos cafés, vinagres e temperos químicos;
— utilizar somente óleo de soja, gergelim ou girassol;
— temperos, somente o gersal e ervas nativas;
— mastigar pelo menos 40 a 60 vezes cada bocado de alimento, fazendo as refeições em local agradável e silencioso;
— não ingerir legumes e frutas fora da época;
— ter como base principal a alimentação com cereais integrais.

Para purificar o sangue de todos os elementos nocivos e estranhos, o regime macrobiótico preconiza a seguinte maneira: 100% de cereais (somente cereais), um mínimo possível de bebidas (somente chá diurético), por um período de dez dias. Este regime é indicado uma vez por ano.

Cuidado: Nosso organismo necessita de nutrientes e o equilíbrio destes fundamentalmente, para uma boa saúde.

No caso da macrobiótica, a proteína de alto valor biológico, responsável pela construção e reparação de tecidos, entre outras funções muito importantes, praticamente inexiste. Além disso, uma dieta à base de cereais pode levar a um ganho de peso excessivo. Sem contar os danos que pode trazer ao crescimento de crianças, bem como quadros importantes de avitaminoses e anemias. Vimos anteriormente que a maioria das vitaminas lipossolúveis são encontradas em alimentos de origem animal. A vitamina C é encontrada principalmente nas frutas cítricas. Nos cereais também encontramos proteínas, mas de baixo valor biológico.

Dieta naturalista

Entende-se por natural o alimento integral, sem aditivos, fertilizantes químicos ou pesticidas, retirados diretamente da fonte, sem passar por nenhum processo de industrialização, de espécie alguma.

Atualmente é muito difícil a aquisição de qualquer alimento totalmente natural. Seja pelo tipo de produção do alimento, seja pela manipulação, industrialização, conservação ou qualquer outra prática, é raro chegar à mesa um alimento nessas condições.

Embora alguns pequenos produtores, por questões filosóficas ou religiosas, se preocupem em produzir alimentos naturais, pouco podem fazer para melhorar a qualidade da alimentação: por um lado a produção é muito pequena — portanto, atinge uma microcamada da população e custa mais caro; por outro, não há informações ou mesmo um programa de educação nutricional para orientação na produção de alimentos naturais, bem como para o consumo desses produtos e o conhecimento de seus benefícios para a saúde.

Os indivíduos que seguem a dieta "naturalista" podem ser enganados, gastando mais dinheiro por alimentos comercializados como "naturais". A dieta naturalista pressupõe uma composição de alimentos totalmente naturais. Isto significa a não-ingestão de produtos industrializados, que geralmente contêm conservantes, acidulantes, flavorizantes, nitritos, nitratos, corantes etc. Portanto uma dieta naturalista é muito difícil de ser seguida à risca. Mas não é impossível e seria a mais adequada para a saúde.

Regime vegetariano

A dieta vegetariana tem por base a total exclusão de alimentos de origem animal. Parte do pressuposto de que o homem é um ser herbívoro, e não carnívoro. Os hormônios e as toxinas dos produtos animais intoxicam o sangue e trazem muitas enfermidades.

Entretanto, este radicalismo dietético teve de ser mudado devido às complicações orgânicas pela falta de nutrientes importantes para o corpo, como por exemplo a proteína.

O ovo, o leite e derivados foram incluídos na dieta vegetariana para suprir essas carências. A dieta passou a ser ovo-lacto-vegetariana, e mesmo assim alguns indivíduos ainda insistem no radicalismo.

As carências mais comuns neste tipo de dieta radical são: avitaminoses (lipossolúveis), anemia ferropriva, raquitismo, osteoporose, flacidez e hipotonia muscular, entre outras.

Regime da lua

A origem desta dieta é desconhecida. Popularizou-se nos anos 80 e consiste na utilização das fases da lua.

Durante essas mudanças o indivíduo deve alimentar-se somente de líquidos, por um período de vinte e quatro horas. Deve iniciar a dieta exatamente na hora em que a lua muda de fase, não importando o horário em que isto ocorra.

Muitos radicais passam essas 24 horas apenas com ingestão de água ou sucos, podendo como conseqüência sofrer quadros de hipoglicemia, cefaléia, irritação e vertigens.

Uma dieta líquida pode ser importante para a desintoxicação do organismo, mas deve ser feita somente uma vez por semana e com alimentos líquidos muito bem equilibrados e fracionados.

Moda "diet"

"Coma à vontade: é 'diet.'"

Isto é comumente ouvido e divulgado por todos os cantos.

Os alimentos dietéticos chegaram com tudo. No entanto não se informa ao público que também contêm calorias e não podem ser consumidos à vontade.

Antigamente, os produtos dietéticos eram vendidos nas farmácias e drogarias como remédios para diabéticos hipertensos e obesos. Mas após a liberação da venda, em 1988, as prateleiras dos supermercados ficaram abarrotadas com eles, em enorme quantidade e variedade.

Geralmente esses dietéticos são compostos por substâncias químicas, como sacarina, ciclamato, sorbitol, aspartame etc.

Muitas pessoas utilizam tais produtos sem a preocupação com as quantidades diárias ingeridas, acreditando que, como são "dietéticos", não precisam ser dosados.

A Organização Mundial da Saúde (OMS) tem recomendações muito rigorosas quanto à ingestão diária de adoçantes e demais produtos dietéticos.

Os estudos divulgados por essa entidade apontam para as seguintes quantidades diárias de ingestão:

Sacarina: 3,5 mg/kg de peso corporal ideal.
Ciclamato: 11,0 mg/kg de peso corporal ideal.
Aspartame: 40,0 mg/kg de peso corporal ideal.

A frutose não é considerada um produto dietético e sim um açúcar de melhor qualidade: a quantidade de calorias da frutose, quando comparada com o açúcar comum, não é muito diferente.

Cuidado: Os produtos "diet", "light", "zero calorias" e de outras denominações afins engordam, quando consumidos exageradamente.

Também os adoçantes, quando consumidos além das doses adequadas, podem trazer alguns efeitos colaterais já comprovados, como no caso do aspartame e do sorbitol (cefaléias e mal-estar), sacarinas e ciclamatos (diarréias e mal-estar).

Quinta Parte

Fórmulas Mágicas para Emagrecimento (Drogas)

INTRODUÇÃO

Os indivíduos gordos, na sua maioria, são sedentários; por isso procuram meios rápidos e que não requeiram muito esforço para a perda de peso.

Recorrem a determinados "profissionais", já famosos pelos milagres, para uma solução fácil do problema. Estes por sua vez receitam as famosas "fórmulas" para a perda de peso, sem levar em consideração o tipo da obesidade que o indivíduo gordo apresenta ou uma avaliação mais criteriosa do quadro.

Agentes farmacológicos, então, são indicados e ministrados com "notável eficácia", atuando preferencialmente na indução da redução do consumo e ingestão de alimentos.

Essas drogas atuam em nível de sistema nervoso central, principalmente na região hipotalâmica (centro da fome e da saciedade).

Na realidade ainda não existe um agente farmacológico ideal para a obesidade, pois este deveria reunir as seguintes propriedades:

— ter tolerância perfeita;
— ter inocuidade toxicológica a médio e longo prazos;
— baixo preço;
— quando da interrupção de seu uso, deveria deixar instalados hábitos alimentares corretos.

Atualmente, os medicamentos utilizados na redução da obesidade podem atuar das seguintes formas:

— reduzindo a ingestão alimentar;
— diminuindo a absorção intestinal;
— aumentando a excreção de fontes calóricas;
— aumentando o gasto energético por lipomobilização.

Os medicamentos que atuam na redução da ingestão de alimentos vão agir sobre os centros da fome e da saciedade, através de um ou mais sistemas de neurotransmissão envolvidos na regulação do apetite.

Apresentaremos a seguir as drogas utilizadas freqüentemente para o emagrecimento.

Anfetaminas

Essas drogas são conhecidas como Anfepramona, Mazindol e Bemproporex e têm como ação principal a inibição do centro da fome, redução do apetite e retardamento da necessidade de ingestão alimentar.

Apresentam efeitos colaterais como:

— diminuição da fadiga;
— aumento da vigília (insônia);
— aumento da freqüência cardíaca;
— aumento da euforia;
— aumento da pressão arterial;
— hipertermia;
— dilatação das pupilas;
— dependência física.

Na prática clínica, as anfetaminas encontram maior emprego em tratamentos curtos e repetidos, devido à tolerância rapidamente desenvolvida, à freqüência e à gravidade dos efeitos colaterais.

Fenfluramina

Tem como propriedade aumentar a saciedade durante as refeições, ou seja, reduz a quantidade de alimentos ingeridos a cada refeição.
Os efeitos colaterais são:

— sedação;
— redução da pressão arterial.

Fluoxetina

Tem como propriedades aumentar a saciedade e diminuir a ingestão de hidratos de carbono (açúcares e gorduras).
Como efeitos colaterais apresenta:

— náuseas;
— insônia;
— ansiedade.

Anorexígenos periféricos

Diminuem a ingestão calórica sem atuarem em nível central.
Estas drogas são: Carboximeticulose, Glucomanam e Psilium. A Glucomanam tem como propriedade retardar o esvaziamento gástrico.
Seu efeito colateral é a perda do apetite, podendo levar à anorexia. Esta pode causar *a morte* do indivíduo.

Drogas que diminuem a absorção dos alimentos

Essas drogas, que diminuem a absorção de alimentos ou aumentam a excreção destes, trabalham com a biodisponibilidade de alimentos no trato gastrintestinal.

São as drogas: Metformina, Colestiramina e Neomicina.

Seus efeitos colaterais são:
— A Metformina, por ser um hipoglicemiante oral, diminui a absorção de glicose.
— A Colestiramina e Neomicina aumentam a excreção de gorduras através das fezes (excreção = eliminação).

Laxantes e diuréticos

Essas drogas aumentam a eliminação de lipídios mas apresentam efeitos colaterais muito importantes, a saber:

— interferem no metabolismo de vitaminas lipossolúveis;
— podem levar a um quadro de desnutrição e anorexia;
— ocasionam perdas de líquidos e eletrólitos importantes;
— interferem na absorção de nutrientes em nível intestinal.

Cuidado: O tecido gorduroso (adiposo) contém aproximadamente 18% de água, e o tecido magro (músculos), cerca de 76%. A ingestão de diuréticos e laxantes vai causar perda maior de líquidos do tecido magro e não do gorduroso, podendo ocorrer desidratação, inclusive.

Hormônios tireoideanos

Os hormônios tireoideanos aumentam o gasto energético por lipomobilização, ou seja, em doses normalmente empregadas, levam à perda de peso, interferindo no metabolismo das gorduras mas principalmente no das proteínas, que pode representar cerca de 70% do efeito na diminuição do peso corporal.

Os hormônios mais comumente usados são: hormônio de crescimento, gonadotrofina coriônica e o dinitrofenol.

Cuidado: Os hormônios tireoideanos só devem ser utilizados e se justificam em casos de obesidade endógena.

Um indivíduo com obesidade exógena jamais deverá usar este tipo de tratamento, pois a perda de peso via metabolismo protéico pode causar danos sérios à saúde, além de estrias, desidratação, flacidez ou hipotonia muscular etc. Lembre-se da importância das proteínas para a saúde.

Agentes termogênicos

São estimulantes do sistema nervoso simpático, e podem ser: efedrina, ácido acetilsalicílico e cafeína.

Podem ser acrescentados nas fórmulas de emagrecimento para aumentar a vigília, a fim de levar o indivíduo a uma perda maior de peso, ou antagonizar os efeitos das drogas que causam sedação.

Atenção: O objetivo da descrição das drogas para emagrecimento é esclarecer que, devido aos seus vários efeitos colaterais, elas só devem ser utilizadas como último recurso no tratamento de uma obesidade grave ou mórbida, e de maneira muito criteriosa.

É importante lembrar aqui que a educação alimentar, juntamente com a prática saudável de exercícios físicos adequados para o gordo, é a melhor forma de tratar e resolver o problema.

Sexta Parte

Dietoterapia: Um Tratamento sem Drogas ou Regimes

INTRODUÇÃO

Para tratar a obesidade ou o ganho de peso excessivo até quadros de sobrepeso, os profissionais da área de Nutrição utilizam a *dietoterapia*, que é um tratamento individualizado e personalizado.

Não somente a obesidade pode ser tratada pela dietoterapia como também vários outros problemas de saúde. Em determinados casos a dietoterapia pode ser o único tratamento.

O método baseia-se exclusivamente na utilização dos alimentos. Trata-se do equilíbrio alimentar que vai propiciar uma vida saudável, prevenindo deficiências nutricionais, corrigindo hábitos errôneos, adequando a ingestão à biotipologia do indivíduo, mudando inclusive seu aspecto geral.

Pessoas nutridas corretamente diferem daquelas que têm alimentação irregular. Uma dieta inadequada leva o indivíduo a um impedimento de sua eficiência física, e seu rendimento diminuirá na proporção alimentar direta a sua insuficiência nutricional.

Enquanto que o *regime* é restrito qualitativamente ou quantitativamente em nutrientes, a *dietoterapia* inclui todos os serviços e nutrientes necessários para que, com os princípios da nutrição, possa beneficiar a saúde com informações sobre o consumo alimentar, obtenção do estado nutricional correto, aconselhamento e educação nutricional, assistência, acompanhamento e avaliação da saúde de indivíduos normais e comunidades.

No caso de pacientes com patologias, o tratamento dietético dentro da dietoterapia vai consistir no uso dos alimentos como um fator auxiliar no restabelecimento do problema de saúde ou enfermidade, podendo ser restritivo em nutrientes ou não.

Habitualmente, determinados indivíduos conseguem seguir um padrão alimentar saudável. Mas infelizmente a maioria, principalmente nos grandes centros urbanos, não consegue manter hábitos saudáveis de alimentação e acabam incluindo em suas refeições diárias itens desnecessários em quantidades insuficientes ou excessivas, prejudicando assim a saúde.

Vale lembrar o ditado: *"Cada um é o reflexo daquilo que come"*.

TRATAMENTO

Quais os objetivos da dietoterapia?

a) Avaliar o estado nutricional do indivíduo com critérios e padrões adequados para a idade, sexo e biotipo.

b) Fazer um estudo dos hábitos e preferências alimentares, bem como a biodisponibilidade de alimentos de cada indivíduo.

c) Elaborar uma dieta adequada, equilibrada, dentro dos requerimentos calóricos necessários para tratar ou recuperar indivíduos, em função de suas necessidades nutricionais, adaptada o mais estritamente possível às suas condições econômicas.

d) Orientar e corrigir hábitos alimentares inadequados, errôneos ou excessivos, através da educação nutricional.

e) Corrigir prováveis carências nutricionais para o equilíbrio da saúde.

f) Acompanhar periodicamente o tratamento, alterando ou não a prescrição dietética, de acordo com as necessidades, até a obtenção de bons resultados.

g) Estimular a prática da atividade física, para que juntamente com a dietoterapia o indivíduo possa alcançar total bem-estar físico.

Dependendo do grau de obesidade, dentro da dietoterapia, o valor calórico diário pode ser ajustado e adequado a cada situação.

O que é uma dieta adequada?

Não existe uma dieta perfeita ou ótima para todos. Cada indivíduo tem suas características anatômicas próprias, o que exige um tratamento diferenciado, caso a caso. Alguns fatores, aqui, devem ser considerados:

a) O que se deve comer?
b) O que não se deve comer?
c) Quanto se deve comer?
d) Como se deve comer?
e) Quando se deve comer?
f) Quando não se deve comer?
g) Combinação correta dos alimentos.
h) Equilíbrio ácido-básico.
i) Preparo correto dos alimentos.
j) Aquisição qualitativa dos alimentos.

Isto se traduz em:

a) Uma dieta equilibrada deve conter todos os nutrientes necessários à manutenção da saúde.
b) Devem ser evitados os alimentos de calorias vazias, ou seja, aqueles que alimentam mas não nutrem.
c) A quantidade do que se deve comer deve ser proporcional à morfologia (biotipologia) do indivíduo, considerando inclusive sua atividade física diária.
d) As refeições devem ser feitas em locais tranqüilos e agradáveis para que os alimentos possam ser muito bem mastigados, colaborando assim com os processos digestivos.
e) O dia alimentar deve ser fracionado, para que não haja excessos. O corpo pede quando tem fome. O relógio biológico alimentar deve ser criado e respeitado. Devemos comer quando sentimos fome.

f) Não se deve deixar intervalos muito grandes entre uma refeição e outra. A sensação de fome pode trazer irritabilidade e interferir no dia de trabalho. E não devemos comer quando não sentimos mais fome.

g) A combinação incorreta dos alimentos causa distúrbios digestivos, além da sobrecarga para o organismo.

h) O equilíbrio ácido-básico é importante para que não haja acúmulo de produtos finais ácidos resultantes da digestão e do metabolismo, em volumes superiores aos que o corpo consegue eliminar. O excesso de ácidos leva à redução das reservas alcalinas vitais do corpo, comprometendo a saúde.

i) O preparo correto dos alimentos é muito importante para evitar perdas de nutrientes.

j) Finalmente, deve ser levada em conta a qualidade daquilo que se compra para a alimentação e nutrição, a fim de que se tenha um aproveitamento maior e melhor utilização dos elementos nutrientes.

Como fazer a dieta correta?

• Jamais inicie qualquer dieta sem a orientação de um profissional nutricionista ou qualquer outro capacitado para tanto.

• É muito importante conhecer a sua constituição física e todos os detalhes já citados sobre a dietoterapia.

• Se estiver habituado a ingerir grandes quantidades de alimentos muito calóricos, como gorduras e açúcares, vá reduzindo gradativamente as quantidades e melhorando a qualidade da sua dieta com hortaliças e frutas.

• Seu problema é peso, portanto sua ingestão de carboidratos deve ser pequena. Mas aumente a ingestão de fibras (verduras e frutas) nunca retirando totalmente os carboidratos, pois eles também têm suas funções importantes.

- Evite a ingestão de líquidos durante as refeições maiores (almoço e jantar). Procure ingerir líquidos uma hora antes ou duas horas após as refeições. Além de interferir no processo digestivo, o líquido nas refeições pode colaborar para o ganho de peso.
- Caso seja muito difícil evitar líquidos durante as refeições, procure ingerir um mínimo possível, ou então utilize como sobremesa frutas com caldo: uma fatia de melancia, uma laranja, melão, abacaxi etc.
- Nunca deixe de iniciar o dia com um café da manhã bem equilibrado (desjejum). A primeira refeição do dia é importantíssima para o relógio biológico e para a manutenção do bom humor. Não troque freqüentemente uma refeição completa por lanches com refrigerantes ou sucos. Os lanches não têm todos os nutrientes em quantidades adequadas ou suficientes.
- Aprenda a gostar dos alimentos sem mascará-los com muitos condimentos, cremes, açúcares, molhos picantes etc. Saboreie, deguste e aprecie suas características naturais.
- Esqueça o sedentarismo. Inicie uma atividade física com exercícios apropriados para quem tem peso acima do ideal. Peça a orientação de profissionais competentes e faça exercícios de baixo impacto e longa duração. Lembre-se de que tem peso acima do normal e sua coluna e articulações não vão agüentar exercícios puxados e muito intensos: musculação, somente após a perda de um determinado peso. O gordo que faz musculação, na realidade, perde músculo, e não gordura (*ver sétima parte*).

* — * — *

Apresentaremos aqui alguns exemplos de cardápios utilizados para emagrecimento e adequação de peso.

Neste tipo de tratamento, as quantidades devem ser estritamente respeitadas, bem como o fracionamento e a qualidade dos alimentos.

Lembrete: Cada indivíduo tem um "x" calórico diário para ingerir, e isto deve ser respeitado.

* — * — *

CARDÁPIO 1

Café da manhã
1 xícara de leite magro com café e adoçante
3 unidades de biscoito *cream craker*
1 fruta pequena

Lanche da manhã
1 iogurte natural

Almoço/jantar
salada de alface com tomate à vontade
(pouco azeite ou óleo)
arroz = 3 colheres de sopa cheias
feijão = 2 colheres de sopa cheias
almôndegas ao forno = 2 unidades
vagem refogada = 2 colheres de sopa
sobremesa = 1 fruta pequena

Lanche da tarde
1 fruta pequena

Ceia
1 copo de leite magro e sem açúcar

CARDÁPIO 2

Café da manhã
1 xícara de leite magro com café e adoçante
1/2 pão francês
1 ponta de faca de margarina
1 fatia pequena de mamão

Lanche da manhã
1 fruta pequena

Almoço/jantar
salada de cenoura crua ralada = 3 colheres de sopa
arroz = 2 colheres de sopa cheias
feijão = 1 colher de sopa cheia
carne enrolada com pimentão = 2 porções pequenas
sobremesa = 1 porção pequena de gelatina

Lanche da tarde
1 fruta pequena

Ceia
1 copo de leite magro sem açúcar

CARDÁPIO 3

Café da manhã
1 copo de suco natural
1 fatia pequena de bolo simples
1 fruta pequena

Lanche da manhã
1 fatia pequena de queijo fresco

Almoço/jantar
salada de tomate com cebola = 1 tomate inteiro
(pouco azeite ou óleo)

macarrão ao molho branco = 3 colheres de sopa cheias
omelete de queijo = 1 ovo e 1 fatia de queijo mussarela
sobremesa = musse dietética de abacaxi = 1 porção pequena (receita).

Lanche da tarde
1 fruta pequena

Ceia
chá natural (ou com adoçante) = 1 xícara

CARDÁPIO 4

Café da manhã
1 copo de leite desnatado sem açúcar
3 colheres de sopa com cereal
1 banana picada

Lanche da manhã
1 copo de suco natural

Almoço/jantar
salada de agrião com beterraba crua e ralada para decorar (pouco azeite ou óleo), à vontade
arroz verde = 3 colheres de sopa cheias
peixe grelhado = 1 filé médio
sobremesa = 1 fruta

Lanche da tarde
1 fruta pequena

Ceia
1 copo de leite desnatado sem açúcar

CARDÁPIO 5

Café da manhã
1 copo de suco natural
1 fatia de pão de fôrma
1 fatia fina de queijo fresco
1 fruta pequena

Lanche da manhã
1 iogurte tipo "diet"

Almoço/jantar
salada de brócolis à vontade (pouco azeite ou óleo)
estrogonofe de frango = 2 colheres de sopa cheias
arroz simples = 3 colheres de sopa
sobremesa = 1 fruta pequena

Lanche da tarde
1 fruta pequena

Ceia
1 copo de suco natural

CARDÁPIO 6

Café da manhã
1 copo de suco natural
1 fatia de pão integral
2 fatias pequenas de queijo prato

Lanche da manhã
1 fruta pequena

Almoço/jantar
salada de acelga com tomate à vontade
Frango com couve-flor ao molho branco = 1 porção pequena

arroz colorido = 2 colheres de sopa
sobremesa = 1 fruta

Lanche da tarde
1 iogurte tipo "diet"

Ceia
chá natural, sem açúcar, à vontade

CARDÁPIO 7

Café da manhã
1 banana nanica pequena amassada com 2 colheres de sobremesa com aveia
1 fatia fina de queijo fresco
1 copo de suco natural

Lanche da manhã
1 fruta pequena

Almoço/jantar
salada de escarola com cebola à vontade
nhoque simples = 2 colheres de sopa
salsicha americana = 1 unidade média
sobremesa = 1 porção pequena de gelatina normal sem acrescentar açúcar/creme

Lanche da tarde
1 fruta

Ceia
1 copo de leite magro

CARDÁPIO 8

Café da manhã
1 xícara de leite desnatado com café

1/2 pão francês
1 fatia fina de queijo fresco
1 fruta pequena

Lanche da manhã
1 copo de suco natural

Almoço/jantar
salada de almeirão com rabanete à vontade e pouco azeite
arroz = 2 colheres de sopa
bife à pizzaiolo = 1 porção média
sobremesa = 1 compota dietética de maçã

Lanche da tarde
1 fruta

Ceia
1 iogurte natural

CARDÁPIO 9

Café da manhã
1 xícara de leite magro com café e adoçante
2 torradas pequenas
2 fatias finas de queijo fresco
1 fruta pequena

Lanche da manhã
1 copo de suco natural

Almoço/jantar
salada de alface com tomate à vontade
macarrão com molho branco = 3 colheres de sopa cheias
língua ensopada = 2 colheres de sopa
sobremesa = 1 fruta pequena

Lanche da tarde
1 fruta pequena

Ceia
chá natural, sem açúcar, à vontade

CARDÁPIO 10

Café da manhã
1 copo de suco natural
1 fatia de pão de fôrma
1 ponta de faca de margarina
1/2 mamão papaya pequeno

Lanche da manhã
1 fruta pequena

Almoço/jantar
salada de moiashi (broto de feijão) = 4 colheres de sopa cheias
arroz = 2 colheres de sopa
filé de peixe ao molho de iogurte = 1 filé médio
brócolis ao alho e óleo = 3 ramos pequenos
sobremesa = 1 fruta

Lanche da tarde
1 fruta pequena

Ceia
1 copo de leite desnatado

* — * — *

RECEITAS

1. Almôndegas ao forno

Ingredientes: Carne moída, tomate, farinha de rosca, cebola, salsa, cebolinha, catchup, queijo parmesão, sal e pouco óleo.

Modo de fazer: Misturar a carne moída, a farinha de rosca, um pouco de cebola, salsa e cebolinha bem picadas e sal a gosto. Amassar muito bem e fazer bolinhas com as mãos polvilhadas de farinha de trigo (não utilizar margarina). Num pirex untado com pouco óleo, arrumar as almôndegas levando ao forno para assar. Preparar, à parte, um molho com tomate, cebola, catchup, salsa e cebolinha, refogando tudo no mínimo de óleo possível. Colocar o molho sobre as almôndegas já assadas e por fim salpicar com queijo parmesão. Voltar ao forno para dourar.

2. Macarrão com molho branco

Ingredientes: Macarrão, leite desnatado, cebola, salsa, queijo parmesão, maisena e sal a gosto.

Modo de fazer: Cozinhar o macarrão com água e sal. Após cozido, escorrer bem. À parte, colocar numa panela o leite frio, os temperos, a maisena; levar ao fogo mexendo sempre, até engrossar. Juntar o queijo parmesão. Colocar o macarrão num pirex, cobrir com o molho e levar ao forno para gratinar.

3. Musse dietética de abacaxi

Ingredientes: Abacaxi sem miolo, leite, ovos, gelatina em folhas e sem sabor, adoçante.

Modo de fazer: Cozinhar bem o abacaxi somente em água e, após, triturar no liquidificador. Numa panela à parte, colocar o leite, as gemas de ovos e a gelatina picada. Levar ao fogo para dissolver e engrossar. Depois de frio, misturar o abacaxi triturado, a clara batida em neve e por fim o adoçante. Levar para gelar.

4. Arroz verde

Ingredientes: Arroz, salsa, cebolinha, pimentão verde, sal e margarina.

Modo de fazer: Refogar o arroz com pouca margarina, acrescentar a salsa, cebolinha e pimentão verde. Após refogar, acrescentar água e sal a gosto. Deixar cozinhar.

5. Estrogonofe de frango

Ingredientes: Peito de frango, tomate, cebola, cogumelos, creme de leite, catchup, salsa, cebolinha e sal a gosto.

Modo de fazer: Cozinhar o peito de frango com um pouco do tempero para dar gosto. Cortar o frango em pequenas tiras e separar. À parte, fazer um refogado com cebola e tomate, juntando aos poucos o catchup, cogumelos, salsa e sal, deixando ferver bem. Acrescentar o frango em tiras e por fim o creme de leite em pequena quantidade, desligando imediatamente o fogo para não talhar.

6. Frango com couve-flor ao molho branco

Ingredientes: Frango em pedaços, couve-flor, sal, leite, cebola, salsa, queijo parmesão, maisena e margarina.

Modo de fazer: Retirar toda a gordura do frango e temperar bem com cebola, salsa e sal. Levar ao forno para assar. À parte, preparar o molho branco com leite frio, maisena, sal e salsa, levando ao fogo até engrossar. No final acrescentar o queijo parmesão. Cozinhar a couve-flor com água e sal. Arrumar o frango num pirex junto com a couve-flor e cobrir com o molho branco, levando ao forno para gratinar.

7. Nhoque simples

Ingredientes: Batata-inglesa, maisena, margarina, gema de ovo, queijo parmesão ralado, tomate, salsa, cebolinha, cebola e sal a gosto.

Modo de fazer: Lavar bem as batatas e cozinhar com a casca na água e sal. Descascar e amassar muito bem misturando a gema, a maisena e pouca margarina. Após amassar muito bem, fazer rolinhos e cortar em pequenos gomos. Numa panela com água fervente e sal, colocar os gomos com cuidado e, assim que boiarem, retirar e colocar num escorredor. À parte, preparar um molho de tomate com os demais ingredientes. Colocar o nhoque num pirex e por cima o molho. Salpicar com queijo parmesão e levar ao forno para dourar.

8. Salsicha americana

Ingredientes: Salsichas médias, queijo fresco, tomate, cebola, salsa, cebolinha e sal a gosto.

Modo de fazer: Cortar o queijo em tiras finas. Abrir as salsichas de comprido, sem dividi-las totalmente. Colocar as tiras de queijo fresco dentro das salsichas. Preparar à parte um molho com o tomate e demais ingredientes. Arrumar as salsichas num pirex, cobrindo com molho. Levar ao forno para derreter o queijo.

9. Bife à pizzaiolo

Ingredientes: Bifes magros pequenos, queijo fresco em fatias finas, orégano, catchup, cebola, sal e pouca margarina.

Modo de fazer: Temperar os bifes e dourar na margarina. Arrumar os bifes numa travessa e cobrir com catchup, orégano, cebola picada e, por fim, fatias finas de queijo fresco. Levar ao forno até o queijo derreter.

10. Compota dietética de maçã
(ou qualquer outra fruta)

Ingredientes: Maçã, água e adoçante.

Modo de fazer: Lavar bem a maçã e retirar casca e miolo. Cortar em fatias e colocar na panela com água para cozinhar. Quando estiver bem macia, triturar alguns pedaços e misturar novamente ao restante. Desligar o fogo e acrescentar o adoçante. Servir gelada.

11. Creme de iogurte

Ingredientes: Iogurte natural, salsa, cebolinha, sal e margarina para refogar (pouca).

Modo de fazer: Refogar na margarina os temperos e por fim colocar o iogurte, deixando ferventar bem. Servir quente.

12. Língua ensopada

Ingredientes: Língua bovina limpa, cebola, tomate, salsa, cebolinha, pouca margarina e sal a gosto.

Modo de fazer: Cortar a língua em rodelas e fazer um refogado com os demais temperos e tomate. Acrescentar água e cozinhar muito bem.

13. Carne enrolada com pimentão

Ingredientes: Carne magra em bifes finos, pimentão em tiras, tomate, pouco óleo, cebolinha, salsa, sal e gengibre amassado.

Modo de fazer: Abrir bem os bifes e rechear com o pimentão em tiras. À parte, fazer um refogado com o tomate, gengibre e demais temperos. Em seguida colocar os bifes enrolados, acrescentar água e deixar cozinhar bem.

SÉTIMA PARTE

Atividade Física e Gordura Corporal

INTRODUÇÃO

O homem se desenvolve como uma criatura ativa, e suas manifestações externas incluem a atividade física.

Antigamente a atividade física era um pré-requisito para a sobrevida. Nos tempos atuais a importância da atividade física não se mostra prioritária, mas um nível de atividade física adequado ainda é um requisito importante, que, juntamente com a alimentação adequada e o controle dos fatores estressantes, formam o tripé para uma saúde perfeita.

Todo indivíduo é uma unidade nutricional, possuindo hábitos e preferências dietéticas próprias. Na esfera da atividade física existe também uma certa individualidade motora que diz respeito ao volume de atividade física, distribuição no tempo e intensidade do exercício.

Cabe esclarecer, aqui, alguns pontos básicos no que se refere à influência da atividade física na composição corporal. A quantidade e a qualidade ótima do exercício não estão esclarecidos na literatura científica, mas alguns trabalhos mostram pontos em comum nos indivíduos que resolveram praticar atividades físicas mais intensas com acompanhamento correto.

Fatores benéficos da prática de exercícios físicos

Os benefícios da atividade física são diferentes nas diversas fases da vida. Assim, excluiremos neste texto os aspectos de crescimento e desenvolvimento, abordando apenas itens que são comuns às diferentes fases.

A atividade aeróbica proporciona alterações positivas na massa corporal magra e redução de gordura corporal.

A capacidade aeróbica, aumentada em função do exercício aeróbico, leva a uma maior utilização das reservas corporais tanto no exercício quanto no repouso. Proporciona ainda uma sensação de bem-estar, menor predisposição a doenças cardiovasculares e diminuição dos fatores estressantes.

Diversas pesquisas mostram que o controle da dieta, somado à atividade física adequada, contribuem no controle de novas células adiposas e reduzem o tamanho das já existentes no corpo. Alguns comentários acerca da redução de gordura localizada se fazem necessários, pelo interesse da população em perder apenas aquela "barriguinha". A redução seletiva de gordura até o momento não encontra apoio em pesquisas científicas, portanto o trabalho muscular aumentado em determinada região do corpo não proporciona redução de gordura local.

Um maior gasto calórico, provocado pelo exercício, proporciona uma opção importante para perda de peso. Pessoas que realizam atividades físicas intensas por longos períodos consomem mais calorias que pessoas sedentárias. As altas ingestões calóricas são necessárias para o controle energético. Ao considerar a ingestão alimentar de pessoas que treinam por períodos relativamente curtos, o aparente efeito estimulante sobre o apetite sofre profunda redução. Não é necessário uma quantidade extraordinária de exercícios para reduzir o peso corporal: meia hora de exercícios moderados (350 Kcal), equivale a 1.050 calorias a menos por semana.

Os efeitos gastadores de energia são cumulativos quer o déficit ocorra rapidamente, quer sistematicamente. Assim, o exercício combinado com cuidado dietético parece ser a abordagem mais válida para se conseguir uma redução de gordura corporal.

A atividade mais recomendada para quem deseja perder peso é a de longa duração e baixa intensidade (atividade aeróbica). O exercício deve ser agradável, e realizado no mínimo três vezes por semana, durante 30 minutos

Intensidade do exercício

As atividades sugeridas a seguir devem estar entre 60% a 85% da freqüência cardíaca máxima ou 50% a 85% da reserva de freqüência cardíaca.

O ideal seria a realização de uma avaliação física; no entanto, uma freqüência cardíaca de no mínimo 140 bpm (batimentos por minuto) pode ser preconizada como um critério muito próximo da média populacional.

Tabela 3 — Programas de atividades físicas para diminuição de gordura corporal

Caminhada — Emagreça em 4 semanas

Semana	Dias	Distância em metros	Tempo
1ª	2ª e 3ª	1.600 m	20 min.
	4ª e 5ª	2.400 m	40 min.
	6ª e Sáb.	3.200 m	60 min.
	Domingo	4.000 m	70 min.
2ª	2ª e 3ª	4.000 m	70 min.
	4ª e 5ª	4.800 m	80 min.
	6ª e Sáb.	5.600 m	90 min.
	Domingo	6.400 m	100 min.
3ª	2ª e 3ª	6.400 m	100 min.
	4ª e 5ª	7.200 m	110 min.
	6ª e Sáb.	8.000 m	120 min.
	Domingo	8.800 m	130 min.
4ª	2ª e 3ª	4.800 m	60 min.
	4ª e 5ª	5.600 m	70 min.
	6ª e Sáb.	6.400 m	80 min.
	Domingo	7.600 m	90 min.

CONCLUSÃO

Agora que você já sabe um pouco sobre obesidade e nutrição, compreende melhor que ações paliativas não resolvem o problema. Procure um profissional que tenha preparo e conhecimento suficientes para auxiliá-lo.

A ciência da nutrição, como tal, existe desde o século passado. Entretanto, o hábito de se alimentar sempre foi a preocupação do homem, desde a pré-história.

A ciência da nutrição vem evoluindo cada vez mais, e demonstrando que *a prevenção de doenças é muito mais eficaz que o tratamento, pois o que pode ser prevenido não precisa ser tratado*.

A nutrição é um dos fatores mais importantes com relação ao estado de saúde de um indivíduo ou de uma nação. Portanto, a ciência da nutrição é considerada uma das mais importantes ciências médicas. É através da orientação nutricional correta que os indivíduos ou nações podem obter e manter a boa saúde.

**Cuide bem de sua nutrição
e tenha uma boa saúde!**

BIBLIOGRAFIA

1. BRAY, G.A. "Classificação e avaliação das obesidades", *Clinical Nutrition 189*:215, Los Angeles, Califórnia.
2. BROWNELL, K.D. e KRAMER, M.F. *Tratamento Comportamental da Obesidade*, Department of Psychiatry, University of Pensylvannia School of Medicine, Filadélfia, Section of Diabets and Clinical Nutrition.
3. *Boletim Informativo do Centro de Documentação e Informação Técnica*. Scient. Tema; "Obesidade — tratamento farmacológico", ano 2, n° 4, 1991, Pharmácia Artesanal, São Paulo.
4. ATKINSONS, R. L. "Dietas de baixo e muito baixo valor calórico", *J. Am. Coll. Nutr.* 4:411-419, 1985.
5. MASLOW, A.H. *Introdução à psicologia do ser*.
6. WOODMAN, N.M. *Obesidade, anorexia nervosa e o feminino reprimido*.
7. GUERRA, A. *Manual de Psiquiatria Infantil*.
8. HIRSCHMANN, J.R. e MUNTER, C. *Adeus às dietas* — Ed. Saraiva, 2ª ed., 1992.
9. KRAUSE & MAHAN. *Alimentos, nutrição e dietoterapia*, Ed. Roca, 1985.
10. ANGELIS, R.C. *Fisiologia da nutrição*, Vol. 1, Ed. Nobel, 3ª ed., 1986.
11. HORWOOD, W. *Superhealth — A challenge for all the family*, Johnston & Bacon, Londres, 1979.
12. FRANCO, G. e CHALOUB, S. R. *Dietas e receitas para diabéticos e obesos*, 2ª ed., Livraria Atheneu, 1985.

13. OHSAWA, G. e KUSHI, M. *Guia Prático de Medicina macrobiótica*, Ícone Editora, 1992.
14. GRANT, D. e JOICE, J. *A combinação dos alimentos*, Ed. Ground, 1990.
15. *Canadian guidelines for health weights*, Ministery of National Health and Welfare, Otawa, outubro, 1988.
16. WESTSTRATE, J. A.; DEURENBERG, P. e TINTEREN, H. "Indices of body fat distribution and adiposity in dutch children from birth to 18 years of age". *International Journal of Obesity* 13:465-477, 1989.
17. MEDEIROS, E. M.; CORDEIRO, M. B. C.; DA SILVA, M. S. C. M. e SILVA, R. C. R. *Obesidade abdominal e risco de doenças crônico-degenerativas.*
18. WILLIAMS, Melvin H. *Nutritional aspects of human physical and athletic performance*, 2ª ed., Charles C. Thomas, Springfield, Illinois, 1985.
19. BARER-STEIN, T. *You eat what you are — A study of ethnic food traditions*, McClelland and Steward, 1979.
20. COSTILL, D. "Nutrition and dietetics", em *The olympic book of sports medicine*, Dirix, A., Knuttgen, H. e Tittel, K. (comps.); Blackwell Scientific Publications, Oxford, 1988.